OLA WOLDAŃSKA-PŁOCIŃSKA

DAS GROSSE BUCH VOM ESSEN

ALLES, WAS DU ÜBER KRUMME KAROTTEN, BEEREN MIT SUPERKRÄFTEN UND LECKERES UNKRAUT WISSEN MUSST

Aus dem Polnischen
von Marlena Breuer

HANSER

Die Originalausgabe erschien 2020 in Polen
unter dem Titel *Smakologia* bei Publicat S. A.

HANSER hey! Schau vorbei und
teile dein Leseglück auf Instagram

1. Auflage 2023

ISBN 978-3-446-27673-4

Umschlag: Stefanie Schelleis, München
Umschlag-Illustrationen und -Lettering Ola Woldańska-Płocińska
Satz im Verlag
Druck: TBB, a.s., Banská Bystrica
Printed in Slovak Republic

MIX
Papier | Fördert
gute Waldnutzung
FSC® C022120

INHALTSVERZEICHNIS

ESS ist WICHTIG

Ohne Essen können wir nicht existieren und unser Körper funktioniert nicht richtig.
Natürlich sind auch Atmen, Schlafen und Stuhlgang für uns lebenswichtige Dinge.

Das heißt: aufs Klo gehen.

Essen ist für uns wie Treibstoff für ein Auto – ohne kommen wir nicht weit. Und ganz wichtig dabei ist, dass es sich um Kraftstoff von höchster Qualität handelt – also um den allerbesten. **Für unser Essen bedeutet das, dass die Auswahl der richtigen Nährstoffe** (mehr dazu auf Seite 32) von großer Bedeutung ist, und was genau auf unserem Teller landet. Abwechslungsreich, saisonal (was in der aktuellen Jahreszeit wächst), gesund, bunt und lecker soll es sein!
Leider durchlaufen viele Lebensmittel heutzutage mehrere industrielle Verarbeitungsschritte und enthalten zahlreiche Zusatzstoffe, sodass wir oft gar nicht richtig wissen, was wir uns da eigentlich in den Mund stecken.
Hast du schon einmal von Cochenille, Natriumbenzoat, Palmöl, Xylit oder Aquafaba gehört? Auch wir verwenden diese exotisch klingenden Zutaten.

In diesem Buch erfährst du, wie du dich vernünftig ernährst, dich nicht von Lebensmittelherstellern täuschen lässt und warum du bei lokalen Erzeugern (das sind Menschen in deiner näheren Umgebung, die Lebensmittel anbauen oder herstellen) einkaufen solltest. Bereite dir noch schnell einen leckeren, gesunden Snack zu, damit du nicht mit knurrendem Magen vom Essen lesen musst.

DER STEINZEITLICHE SPEISEPLAN

Steinzeit ist die Bezeichnung für die früheste Epoche der Menschheitsgeschichte. Sie begann vor etwa 2,5 Millionen Jahren und endete etwa 2200 v. Chr.

Die Geschichte der Menschheit reicht bis in unvorstellbar ferne Zeiten zurück – bis in die Steinzeit. Wissenschaftlerinnen und Wissenschaftler streiten sich immer noch darüber, ob die ersten Menschen mehr Fleisch oder mehr Pflanzen aßen. **Sicher ist, dass sie sehr unregelmäßig Nahrung zu sich nahmen.** Woher wissen wir, was in ihren Mägen landete? Durch die Forschung von Archäologinnen und Archäologen, die immer wieder Überreste von Urmenschen an verschiedenen Orten auf der Welt finden. Indem diese untersucht werden (vor allem die Zähne und Essensreste dazwischen), lässt sich der steinzeitliche Speiseplan beschreiben. Grundlage der damaligen Ernährung waren roh verzehrte Pflanzenteile, Nüsse, Früchte und Pilze. Tiere zu jagen und zu fangen, war mit bloßen Händen und Füßen nicht einfach. Daher aßen die Urmenschen am Anfang Insekten und die Überreste von Tieren, die andere Raubtiere erlegt hatten.

Ein Speiseplan enthält alle Gerichte, die wir essen können. Wenn du die ganze Woche Würstchen mit Ketchup isst, ist dein Speiseplan sehr begrenzt. Und so ungesund!

IN REICHW

Stell dir vor, du hast den ganzen Tag nichts gegessen. Dein Bauch knurrt lauter als ein Traktormotor. Weil du hungrig bist, kannst du dich nicht aufs Lernen konzentrieren oder Spaß haben. Du denkst nur ans Essen. Die Urmenschen hatten das gleiche Problem, weshalb es für sie so wichtig war, einen Weg zu finden, regelmäßig an Nahrung zu kommen.

EITE

Möglich wurde das vor etwa 10 000 Jahren, als die Menschen lernten, Pflanzen anzubauen und Tiere zu züchten. Natürlich kam es vor, dass ihre Rinder an Krankheiten starben, oder dass die auf einem nahe gelegenen Feld angebaute Ernte aufgrund einer Dürre vertrocknete. Dann hungerten die Menschen. Dennoch wurde der Zugang zu Nahrung einfacher und regelmäßiger. Anstatt auf der Suche nach essbaren Pflanzen Energie und Zeit zu verschwenden, säten die Menschen Samen in der Nähe ihres Wohnortes aus. Zu diesem Zweck wählten sie das beste Saatgut aus und pflegten das Feld, indem sie es bewässerten und das Unkraut entfernten. So wurden die nächsten Ernten immer besser. Auch der Speiseplan veränderte sich. Die Hauptrolle spielte jetzt das Getreide.

Zuerst wurden Weizen, Gerste, Hafer und Hirse angebaut. Später kam der Roggen dazu.

Das war für die Menschen und ihr Verdauungssystem eine riesige Revolution.

Eine Revolution ist eine radikale Veränderung. Zum Beispiel war es eine echte Revolution, als Nikolaus Kopernikus im 16. Jahrhundert herausfand, dass sich die Erde und die anderen Planeten unseres Sonnensystems um die Sonne drehen und nicht andersherum.

LASS DIE NAHRUNG DEINE MEDIZIN SEIN UND MEDIZIN DEINE NAHRUNG.

HIPPOKRATES

Wenn ein Mensch stirbt, kommt es manchmal vor, dass seine Worte weiterleben und für die nachfolgenden Generationen eine wichtige Rolle spielen. So ist es mit dem griechischen Arzt Hippokrates, den wir als den Vater der Medizin ansehen. **Eine seiner wichtigsten Lehren war, dass unsere Ernährung einen direkten Einfluss auf unsere Gesundheit hat.** Hippokrates lebte an der Wende des 5. zum 4. Jahrhundert v. Chr. im antiken Griechenland.

Mehr über den schlechten Einfluss einiger Lebensmittel erfährst du weiter hinten im Buch.

Jetzt denkst du vielleicht, dass sich die Welt seitdem so sehr verändert hat, dass Hippokrates' Theorien für uns nicht mehr wichtig sind. Doch sie werden immer aktueller, da immer mehr Menschen durch falsche Ernährung erkranken.

Mehr als VOLL

Vielleicht glaubst du jetzt, dass die Menschen früher sehr einfach lebten und eher wenig aßen ...

Das sind reiche Menschen aus adeligen Familien, die viel Macht hatten.

Für die alten Römer galt das sicher nicht, zumindest nicht für die höheren Gesellschaftsschichten.

Ihr liebster Zeitvertreib bestand darin, zu schlemmen, und der ideale Anlass dafür war die Hauptmahlzeit am Nachmittag (*cena* genannt). Das Gelage dauerte oft bis zum Morgengrauen. Es wurde auf einer Couch liegend mit den Händen gegessen und die Nahrung mit Wein hinuntergespült. Das Essen begann mit einer Vorspeise aus Eiern. Dann folgten mindestens fünf Hauptgerichte und ein Nachtisch mit Früchten. Solche Treffen sollten die hohe Stellung und den Reichtum des Gastgebers zeigen, weshalb sich die Römer beim Erfinden ungewöhnlicher Gerichte gegenseitig zu übertreffen versuchten. Als Unterhaltung gab es Musik oder Tanz. Die Mägen der antiken Vielfraße waren nicht größer als unsere, und deshalb erbrach man sich während des Festmahls, um mehr essen zu können. Eklig!

Es gab Gerichte, die mit echtem Gold und Bernstein verziert wurden.
Leckerbissen waren Pfauenhirn, Flamingozunge und Storch.
Das Eis, um die Getränke zu kühlen, holte man von weit her aus den Bergen.

Das BESTECK KOMMT

War es vielleicht so, dass die Menschen jahrhundertelang ohne Manieren aßen, indem sie ihre Nahrung direkt mit den Fingern in den Mund steckten, bis plötzlich ein vornehmer Reiter auf einem weißen Pferd auftauchte und Besteck mitbrachte, womit das Zeitalter der Tischsitten begann? Nein, so war es nicht.

Die alten Römer nutzten zum Beispiel große Schneckenhäuser (die Bewohner warfen sie vorher hinaus).

Von Anfang an benutzten die Menschen sehr einfache Werkzeuge. Zum Schöpfen flüssiger Speisen verwendeten sie Gegenstände mit einem natürlichen Hohlraum, die dem heutigen Löffel ähnelten. Sie kannten auch das Messer, um das Essen in kleinere Portionen zu schneiden. Ursprünglich wurden die Werkzeuge zum Zubereiten der Speisen verwendet, nicht zum Essen selbst.

MARÍA ARGYROPOULINA

Brich dir nicht die Zunge, wenn du versuchst, diesen Namen auszusprechen. Der ist so kompliziert, weil Prinzessin Maria aus einem für die Europäer ziemlich exotischen Gebiet namens Byzanz oder Oströmisches Reich stammte, wo man byzantinisches Griechisch sprach.

Als Werkzeug zum Anrichten und Essen kam das Besteck erst im 18. Jahrhundert auf. Das Tafelmesser mit abgerundeter Spitze verbreitete im 17. Jahrhundert der König von Frankreich, Ludwig XIV. Er fand nämlich, dass die Gäste weder sich noch andere mit einem scharfen Messer verletzen sollten. **Die Gabel kam im 11. Jahrhundert durch die byzantinische Prinzessin Maria Argyropoulina nach Europa.** Sie wurde verwendet, um das Essen in kleinere Portionen zu teilen, nicht, um es zum Mund zu führen. Das schien den Europäern nämlich zunächst sonderbar. Aber die Tatsache, dass man Spaghetti damit viel einfacher essen konnte, machte die Gabel zuerst in Italien beliebt und dann auch in anderen Ländern.

Arme Leute benutzten Holzbesteck, die Reichen speziell für sie hergestellte Löffel, Gabeln und Messer aus Metall. Früher brachte jeder sein eigenes Besteck zu einem Festmahl mit. Wer es vergaß, musste sich irgendwie behelfen.

Nicht überall auf der Welt werden Messer und Gabel bei Tisch verwendet. In manchen Kulturen benutzt man Essstäbchen und Löffel, in anderen einfach die Finger.

Als Kalorien bezeichnet man die Energie in Lebensmitteln.

Sicher isst jeder von uns gerne mal einen Schokoriegel oder ein Eis, obwohl unser Körper gerade gar keine Kalorien braucht. Wir machen das, weil wir gelernt haben, dass Essen auch eine Belohnung sein kann, ein Mittel gegen Langeweile oder eine Knabberei, wenn wir einen Film schauen.

Ich habe meine Hausaufgaben gemacht, also kriege ich ein Stück Schokolade.

Im **Mittelalter** war das ganz anders, **denn damals ging es darum, durch das Essen Kraft zu bekommen.** Die Mehrheit der Menschen arbeitete damals sehr hart. Zumindest war das bei den Bauern auf dem Land und den armen Leuten in der Stadt so. **Sie aßen zweimal am Tag – mittags und abends.** Auf dem Teller hatten sie meist Brei und Mehlprodukte, ergänzt durch Gemüse aus der Gegend, wie Kohl, Karotten und Zwiebeln. Fleisch war teuer und selten zu haben, außerdem verdarb es schnell.

Die Menschen, die Geld und Macht besaßen, mussten natürlich nicht arbeiten. Sie konnten sich auch besondere Speisen leisten wie Fleisch und teure Gewürze.

Aus Mehl und Wasser wurden zum Beispiel die sehr verbreiteten Brotfladen gebacken.

Ein wichtiges Element des Lebens war das Fasten (es wurde also aus religiösen Gründen weniger oder gar nichts gegessen). Die Menschen aßen beispielsweise zeitweise kein Fleisch oder keine tierischen Produkte – oder überhaupt nichts. Für die Armen war das Fasten einfach. Die Reichen hingegen hatten oft keine Lust, den Verboten der Kirche zu folgen, und suchten nach Wegen, um das Fasten zu umgehen. Sie lernten, Gerichte zuzubereiten, die den verbotenen sehr ähnlich waren. Aus Mandelmilch, Safran und Ingwer wurde eine Mischung hergestellt, die aussah wie Ei und in eine leere Eierschale gespritzt wurde.

Wer genug Geld hatte, aß auch gerne Delphinwurst oder gebackene Biberschwänze, denn während des Fastens durfte zwar kein Fleisch, aber Fisch gegessen werden, sowie alle Tiere, die im Wasser leben.

VERBOTENE (LECKER) bissen

Die christliche Religion spielte eine wichtige Rolle im Leben der mittelalterlichen Europäer, und zwar bei den Armen und den Reichen. Dadurch gab es viele Regeln. Beim Essen sollte Völlerei vermieden werden (das bedeutet, dass man, ohne hungrig zu sein, sehr viel Essen in sich hineinstopft). **Der Lebensrhythmus war von Fasten- und Schlemmzeiten bestimmt,** und wenn man dagegen verstieß, gab es eine Strafe.

Auch in anderen Religionen gibt es Regeln für das Essen, die ihre Anhänger befolgen sollen.

MUSLIME

essen kein Schweinefleisch und trinken keinen Alkohol. Sie sehen Schweine als unrein an. Das sind gute Nachrichten für alle, die diese äußerst intelligenten Tiere lieben.

BUDDHISTEN

sind der Meinung, dass alle Arten von Fleisch und Alkohol schädlich sind, verbieten sie aber nicht vollständig. Sie glauben auch, dass der Verzicht auf Zwiebeln, Schnittlauch, Schalotten, Knoblauch und Lauch dabei hilft, nicht wütend zu werden.

Ein Gemüse, das wie eine Zwiebel aussieht und ein bisschen nach Knoblauch schmeckt.

Juden

essen auch kein Schweinefleisch. Außerdem meiden sie Meeresfrüchte und das Fleisch von Paarhufern, die wiederkäuen (Rindfleisch, Lammfleisch und Ziegenfleisch sind also erlaubt). Sie dürfen Fleisch nicht mit Milchprodukten kombinieren, weshalb sie zwei separate Sets Besteck, Geschirr und Töpfe verwenden. Das sind die Prinzipien der Kaschrut, also der Speisegesetze, die bestimmen, was und wie Juden essen dürfen.

Paarhufer sind Säugetiere, deren Hufe eine gerade Anzahl (zwei oder vier) Zehen ausgebildet haben.

HINDUS

essen kein Rindfleisch und trinken keine Kuhmilch. Sie tun das, weil sie Kühe als heilig ansehen und ihnen großen Respekt erweisen. Deshalb dürfen diese sympathischen Tiere sogar während der größten Hungersnot unbehelligt durch die Straßen Indiens spazieren.

In der Ferne liegt die Würze

Die Menschen erkannten schnell, dass sich der Geschmack von Lebensmitteln mit wohlschmeckenden Zusätzen variieren ließ. So wurden die Gewürze entdeckt.

Eines der ersten Gewürze war Kümmel, er wurde schon in vorgeschichtlichen Zeiten verwendet.

Es gab Zeiten, in denen nur Gold teurer war als Gewürze.

Die Menschen schätzten nicht nur ihren abwechslungsreichen Geschmack. Interessant waren auch ihre gesundheitsfördernde Wirkung und die Tatsache, dass sie den unangenehmen Geruch nicht mehr ganz frischer Speisen überdeckten. Die Lebensmittel des täglichen Bedarfs bekamen die Menschen in ihrer unmittelbaren Umgebung. Anders war das mit Gewürzen aus den entferntesten Ländern der Erde. Die langen Transportwege führten zu extrem hohen Preisen. Dennoch erfreuten sie sich seit dem Mittelalter bei den reichen Europäern großer Beliebtheit. Je weiter die Menschen reisten, desto duftender waren die eingeführten Waren. Viele Abenteurer unternahmen gefährliche Reisen auf der Suche nach neuen Geschmacksrichtungen. Marco Polo war einer von ihnen, durch ihn kamen Pfeffer, Ingwer und Zimt bereits im 13. Jahrhundert nach Europa.

Das wichtigste Gewürz war Salz, das auch als Konservierungsmittel diente, um beispielsweise Fleisch oder Fisch vor dem Verderben zu schützen. Das war besonders wichtig in einer Zeit, als es noch keine Kühlschränke gab. Allerdings konnten sich nicht alle Menschen Salz leisten, da es viel teurer war als heute. In Deutschland wurden damals zum Würzen hauptsächlich Kräuter und Pflanzen verwendet, die auf Wiesen und in Wäldern wuchsen oder selbst angebaut werden konnten: Wacholder, Senf, Kreuzkümmel, Meerrettich, Dill, Petersilie, Zwiebel, Knoblauch und Minze.

Sollen sie doch Kuchen essen!

1770 heiratete die 14-jährige österreichische Prinzessin Marie Antoinette den noch nicht einmal 16-jährigen Ludwig-August von Frankreich, den zukünftigen König Ludwig XVI. Es mag uns komisch erscheinen, aber damals heiratete man oft sehr jung.

Es war eine schwierige Zeit für das durch lange Kriege und den Luxus des Hofes geschwächte Frankreich. Während der König und die Menschen in seiner unmittelbaren Umgebung den Überfluss genossen und jeden Tag übermäßig viel aßen, hungerten die normalen Bürger. Angeblich antwortete Marie Antoinette 1789, als eine wütende Menge vor dem königlichen Palast protestierte und sich über den Mangel an Brot beklagte: »Dann sollen sie doch Kuchen essen!«. Obwohl diese Aussage sehr bekannt ist, gibt es keinen Beweis dafür, dass sie das wirklich gesagt hat. Es ist jedoch ein hervorragendes Beispiel dafür, wie sehr sich das Leben der Herrscher damals von dem der einfachen Leute unterschied. Die Königin meinte das sicher nicht böse, sie wusste aber wenig über die Situation ihrer Untertanen.

Das wichtigste und manchmal das einzige Essen der Armen.

Ende des 18. Jahrhunderts gab es in Frankreich aufgrund von Missernten eine Hungersnot. Es fehlte unter anderem an Getreide, aus dem Brot gebacken werden konnte. Die Brotpreise stiegen, und die Brotqualität nahm ab. Damit mehr Brot verkauft werden konnte, wurden in den Bäckereien neben Mehl auch Heu, Sägespäne und manchmal sogar Pferdeäpfel in den Teig gemischt. Igitt! **Um einen Laib Brot kaufen zu können, mussten die ganz armen Menschen einen Tag lang arbeiten.**

Also Pferdemist.

Vor etwa 200 Jahren lernten die Menschen, Lebensmittel mit Hilfe von Maschinen und Chemikalien zu raffinieren, also zu reinigen und zu verfeinern. Dabei werden jedoch nicht nur unnötige Bestandteile, sondern auch einige Nährstoffe entfernt. So gewonnene Lebensmittel haben viele Vorteile: eine helle Farbe, einen neutralen Geruch, ein schöneres Aussehen und eine längere Haltbarkeit. Meist schmecken sie auch besser, obwohl sie nicht unbedingt gesund sind. Leider kaufen sie die meisten Menschen, oft ohne zu wissen, dass sie eine andere, gesündere Wahl haben.

Mehr über die Nährstoffe erfährst du auf Seite 32.

AM HÄUFIGSTEN WERDEN ÖL, ZUCKER UND MEHL RAFFINIERT.

ÖL

Das aus fetthaltigen Samen und Früchten gepresste Öl wird in den Küchen der ganzen Welt verwendet. Weltweit nutzen die Menschen das, was am leichtesten zugänglich ist. In Deutschland sind das zum Beispiel Raps und Lein, in Italien Oliven, in Sri Lanka Kokosnüsse. Nach dem Auspressen kann das Roh-Öl direkt in eine Flasche gefüllt werden. Dann ist es trüb und riecht nach der Pflanze, aus der es gemacht wurde. Oder es wird **raffiniert, um gesundheitsschädliche Verunreinigungen zu entfernen und um ein geschmacksneutrales und haltbares Öl zu erhalten.** Manchmal werden beim Raffinieren aber auch gesunde Stoffe entfernt.

ZUCKER

Warum dürfen wir nicht so viel weißen Zucker verwenden, wie wir wollen, wenn er doch aus Gemüse hergestellt wird, nämlich aus der Zuckerrübe? Weil der sogenannte Kristallzucker durch viele chemische und physikalische Prozesse gewonnen wird und am Ende nur Saccharose, also die reine Süße, übrigbleibt. Und ein Meer von Kalorien. Raffinierter Zucker enthält keine Vitamine, Mineralsalze oder andere Inhaltsstoffe, die wir brauchen, damit unser Körper reibungslos funktioniert.

MEHL

Vollkorngebäck wird nur aus Mehl hergestellt, das von ganzen Körnern (mit Schale) stammt.

Ein Getreidekorn besteht aus Keimling, Mehlkörper und Schale. Letztere muss entfernt werden, um Weißmehl zu erhalten. Der Teil, der weggeworfen wird, ist reich an Vitaminen, Enzymen und Mineralien – wichtigen Stoffen, die uns helfen, die im Mehlkörper enthaltene Stärke zu verdauen.

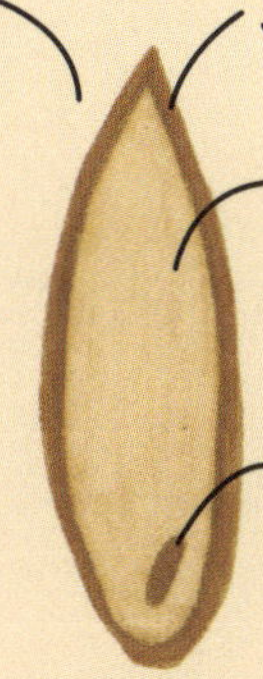

26

MITTAGESSEN AUF DEM Fensterbrett

Der 2. Weltkrieg fand 1939–1945 statt.

Not macht erfinderisch – dieses Sprichwort besagt, dass **Menschen in einer schwierigen Situation nach neuen Lösungen suchen und auf Ideen kommen,** die sie sonst nicht gehabt hätten. Das war beispielsweise während des 2. Weltkriegs der Fall, als Grundnahrungsmittel knapp waren. Also erfanden die Hausfrauen neue, oft überraschende Gerichte.

Am begehrtesten war Brot. Gegen Vorlage einer speziellen Lebensmittelkarte konnten die Menschen jeden Tag eine kleine Portion im Laden kaufen. Aber das Brot war im Krieg ganz anders als das, was wir heute kennen. Es war dunkel und sauer, fühlte sich an wie Lehm und grummelte noch lange nach dem Essen im Bauch.
Kaffeebohnen wurden oft durch Eicheln ersetzt. Sie wurden gekocht, um schädliche Stoffe zu entfernen, dann getrocknet, zu feinem Staub gemahlen und in einer Pfanne geröstet. Das entstandene Getränk ähnelte dem Kaffee nur in der Farbe, aber nicht im Geschmack. Gebackene Karottenstücke wiederum wurden mit heißem Wasser aufgegossen und sollten Tee vortäuschen.
Es war auch schwierig, Schweine-, Rind- oder Geflügelfleisch zu kaufen. Also jagten die Menschen Tiere, die normalerweise nicht gegessen werden. Unter anderem Tauben. Wie du weißt, sitzen sie gerne auf den Fensterbänken. Von dort ließen sie sich leicht in die Wohnung locken, wo sie in der Suppe landeten.
Von Süßigkeiten konnten die Menschen während des 2. Weltkriegs nur träumen. Pudding wurde aus Kohl gemacht und Kuchen aus Bohnen.

Wenn kein Mehl da war, wurde Kaffeesatz zum Backen verwendet.
Heutzutage erfreuen sich Bohnen- oder Rübenkuchen mit Kakao immer größerer Beliebtheit. Der Geschmack ähnelt so sehr dem traditionellen Schokoladenkuchen, dass sich selbst Kuchen-Experten hinters Licht führen lassen.

OB WIR WISSEN, WAS WIR ESSEN?

Hochverarbeitete Lebensmittel – mit diesen Worten kann man unsere heutige Lebensmittelversorgung beschreiben. Es handelt sich dabei um eine Methode zur Herstellung von Lebensmitteln, die deren Nährwert und Geschmack verändert. Wenn du nicht einer der wenigen Menschen bist, die alles, was sie essen, sehr sorgfältig auswählen und sich sehr, sehr gesund ernähren, dann isst du wahrscheinlich auch verarbeitete Lebensmittel. Wichtig ist, dass es nicht zu viele sind.

Für sie kommt es nicht infrage, fertige Suppen in ihren Einkaufskorb zu legen, an der Kasse nach einem Schokoriegel zu greifen oder an einem heißen Tag Limo zu trinken!

Die Menschen verarbeiten seit Jahrhunderten Lebensmittel – und daran ist nichts auszusetzen. Backen, Kochen, Dörren, Räuchern oder Einlegen verbessert den Geschmack und verlängert die Haltbarkeit. Am besten machen wir das selbst zu Hause, damit wir genau wissen, was wir essen.
Nach dem 2. Weltkrieg, begannen die Menschen jedoch, Lebensmittel industriell herzustellen und zu verarbeiten. Dies geschieht in Fabriken mithilfe von chemischen Prozessen und durch den Zusatz von Stoffen, die für unsere Gesundheit nicht immer gut sind. Wie zum Beispiel: gehärtete Pflanzenfette, Konservierungsstoffe (die die Lebensmittel haltbar machen), chemische Geschmacksverstärker wie Mononatriumglutamat sowie ein Meer aus Zucker und Salz. **Hochverarbeitete Lebensmittel enthalten**, auch wenn sie lecker schmecken, **keine guten Nährstoffe**. Chips, süße Frühstücksflocken, fruchtjoghurtähnliche Desserts, kohlensäurehaltige Getränke oder Fertiggerichte aus dem Supermarkt sehen verlockend aus, aber es ist Vorsicht geboten.

WEIZEN

bis zum horizont

Mehr darüber, warum es nicht sinnvoll ist, dreimal am Tag Weizenprodukte zu essen, erfährst du auf Seite 32.

Stell dir vor, du fährst mit deinen Eltern aufs Land, um dich zu erholen. Du steigst aus dem Auto, willst die Schönheit der Natur genießen, aber ... ringsum siehst du nur Weizenfelder! Du denkst: Wird hier bloß Weizen angebaut? Klar, du magst Brötchen und Nudeln, aber du isst sie nicht morgens, mittags und abends. Die Erklärung für diesen Anblick ist **die moderne Art des Pflanzenanbaus, die Monokultur** genannt wird. Grundlage dieser Idee ist, dass zur Arbeitserleichterung und -verbesserung jahrelang nur eine Gemüse- oder Getreideart auf den Feldern angebaut wurde, zum Beispiel Zuckerrüben oder Weizen. Das mag großartig erscheinen, weil sich jeder das Leben erleichtern möchte. Leider mag die Natur solche Lösungen nicht. Der Boden, auf dem Monokulturen angebaut werden, wird unfruchtbar und trocknet schnell aus. Schädlinge, Pilze (unter anderem Schimmelpilze) und Krankheiten treten auf, und die Ernte verschlechtert sich. Um sie zu retten, werden immer mehr Düngemittel und Chemikalien eingesetzt. Diese Stoffe gelangen auch in die von uns verzehrten Pflanzenteile. Unsere Gesundheit und die Umwelt leiden darunter.

Daher ist es besser, landwirtschaftliche Betriebe vor Ort zu unterstützen. Hier lässt sich überprüfen, ob sie verschiedene Pflanzenarten auf ihren Feldern anbauen und natürliche Düngemittel verwenden. Und, wenn sie Tiere halten, dass sie sich um diese kümmern und die besten Bedingungen für sie schaffen. Solche Erzeuger findest du zum Beispiel auf dem Markt, wo sie ihre Produkte direkt verkaufen.

Die fünf NÄHRENDEN STOFFE

Genauer: während der Verdauung. Eine Ausnahme sind Ballaststoffe, das sind Nahrungsbestandteile, die nicht verdaut werden können, dem Darm aber bei seiner Arbeit helfen. Ballaststoffe kommen vorwiegend in pflanzlichen Lebensmitteln vor.

Nährstoffe sind natürliche Substanzen in Lebensmitteln, die wir dem Körper über die Nahrung zuführen.
Der menschliche Körper ist äußerst komplex, er benötigt verschiedene Nährstoffe, um gesund und fit zu bleiben und genügend Energie zu haben. Daher sollten wir uns abwechslungsreich ernähren.

Nährstoffe werden in fünf Gruppen eingeteilt. Jede davon hat eine andere Aufgabe und ist für das reibungslose Funktionieren des Körpers notwendig.

EIWEISS

Eiweiß oder auch Protein kann durch nichts ersetzt und auch nicht gespeichert werden. Daher müssen wir jeden Tag eiweißreiche Lebensmittel zu uns nehmen wie Käse, Eier, Fisch, Fleisch und Hülsenfrüchte (das sind zum Beispiel Bohnen, Kichererbsen, Linsen und Erbsen). Kinder brauchen mehr Eiweiß als Erwachsene, um gesund zu wachsen.

KOHLENHYDRATE

Sie werden auch Zucker genannt und sind für uns das, was der Treibstoff für ein Auto ist. Sie liefern Energie, damit das Gehirn und die Muskeln gut arbeiten können. Es gibt Einfachzucker, die wir schnell verdauen, und Mehrfachzucker, die gesünder sind, aber länger brauchen, um verdaut zu werden. Einfachzucker findet man in Süßigkeiten und Früchten, Mehrfachzucker auch in Getreideprodukten.

Manchmal kommt es vor, dass wir satt sind und unser Körper trotzdem Hunger verspürt. Das geschieht, wenn wir Produkte wählen, die reich an Kalorien, aber arm an Nährstoffen sind. Leider gehören zu dieser Gruppe hauptsächlich Chips, Schokoriegel und Pommes.
Man muss bedenken, dass Nährstoffe, die der Körper direkt aus der Nahrung gewinnen kann, am wertvollsten sind. Sogenannte Nahrungsergänzungsmittel in Pulver- oder Tablettenform, sollte man nur auf Empfehlung eines Arztes verwenden.

FETTE

Sie liefern Energie und ermöglichen die Aufnahme einiger Vitamine. Sie sind sowohl in tierischen als auch in pflanzlichen Produkten enthalten. Einige Fette, vor allem die, die in Pflanzen vorkommen, sind gut für unseren Körper. Andere, besonders in Fleisch, können uns schaden, also sollten wir weniger davon essen.

VITAMINE

Sie sind vor allem in Obst und Gemüse, aber auch in Fleisch und Milchprodukten enthalten und regulieren die Arbeit des Körpers und werden normalerweise in zwei Gruppen eingeteilt: wasserlösliche (B und C) und fettlösliche (A, D, E und K).

MINERAL Salze

Sie tragen wesentlich dazu bei, dass der Körper reibungslos funktioniert. Man unterteilt sie in Mikroelemente (z. B. Eisen, Kupfer, Jod, Fluor) und Makroelemente (z. B. Sauerstoff, Kalzium, Phosphor, Kalium, Stickstoff).

Ehrlich

ODER NICHT?

In der Lebensmittelindustrie wird, wie in allen anderen Produktionsbereichen, mehr oder weniger ehrlich gearbeitet. Leider können wir, wenn wir uns in einem Geschäft Reis oder eine Banane ansehen, nicht wissen, ob sie verantwortungsvoll angebaut wurden.

Verantwortungsvolle Landwirtinnen und Landwirte denken nicht nur an das Geld und den Gewinn. Sie kümmern sich auch um ihre Angestellten und darum, dass ihre Tätigkeit nicht der Umwelt schadet.

Eigentlich scheint das nicht so kompliziert: Die Banane an der Palme wartet darauf, dass die Sonne sie reifen lässt und der Regen sie wässert. Allerdings muss die Banane ja auch von jemandem geerntet und auf die Reise zu uns gebracht werden.
Viele Menschen achten beim Kauf vor allem auf einen günstigen Preis. Daher sparen die Erzeuger manchmal an Qualität (stellen also schlechtere Produkte her) und Angestellten, um die Kosten zu senken. Das Problem ist besonders dringend in ärmeren Ländern, wo Menschen, die überleben wollen, bereit sind, für jeden Lohn zu arbeiten. *Fair Trade* (gerechter Handel) soll dem entgegenwirken. Dabei werden kleine Erzeuger unterstützt, zum Beispiel landwirtschaftliche Betriebe, und ein Kontakt zwischen diesen und der Käuferschaft hergestellt, für eine faire Bezahlung gesorgt und darauf geachtet, dass der Umwelt beim Anbau oder der Herstellung von Lebensmitteln nicht geschadet wird.

Deshalb lohnt es sich, Lebensmittel zu kaufen, bei deren Herstellung oder Anbau der Mensch wichtiger ist als der Gewinn.

Indem wir Honig bei einer Imkerei in der Nähe kaufen, haben wir die Möglichkeit, uns davon zu überzeugen, dass sich dort gut um die Bienen gekümmert wird. Aber wir können nicht jedes Mal nach Ecuador fliegen, wenn wir Bananen kaufen wollen. Um uns die richtige Auswahl beim Einkauf zu erleichtern, **sind Waren aus kontrolliertem Anbau mit besonderen Symbolen gekennzeichnet**. Zu den bekanntesten gehören das UTZ-Zertifikat auf Kaffee oder Schokolade, das blau-grüne Fairtrade-Siegel und das grüne Frosch-Logo auf Bananen (Rainforest Alliance bedeutet, dass darauf geachtet wurde, dass beim Anbau keine Regenwälder vernichtet und keine Flüsse verschmutzt wurden). Aber Achtung: Manche Hersteller denken sich einfach eigene Symbole aus.

In der Sprache der Maya heißt »utz«: innen gut.

HUNGERN

Während du hier gerade über das Essen liest und dabei vielleicht an einem Apfel oder einer Karotte knabberst, haben viele Menschen gar nichts zu essen.

Einige Menschen verzichten freiwillig auf Essen. Sie tun das aus religiösen oder gesundheitlichen Gründen. Oder weil sie schlank werden wollen. Ein solches Fasten kann einen oder mehrere Tage, aber auch Monate dauern. Der Körper eines gesunden Erwachsenen kommt gut mit einer ein- oder zweitägigen Verdauungspause zurecht, daher kann kurzes Fasten von Vorteil sein. Regelmäßig zu trinken ist dabei besonders wichtig! Ein Nahrungsmangel über mehr als ein, zwei Tage führt dagegen zunächst zu einem Energieverlust, und ein paar Tage später funktioniert der Körper dann nicht mehr richtig.

Das bedeutet: sich schlapp und kraftlos zu fühlen.

Es gibt jedoch auch Menschen, die nicht genügend Nahrung haben und im schlimmsten Fall verhungern. Das liegt oft an ihrer schwierigen Lebenssituation. Manche Menschen in armen Ländern arbeiten oft den ganzen Tag, um abends etwas zu essen zu haben. Sie wissen nie, wie es am nächsten Tag aussieht.

VER SCHWENDEN

Weltweit werden viel mehr Lebensmittel hergestellt als nötig, um alle Menschen zu ernähren. Trotzdem muss jeder 9. Mensch hungern, und jeder 4. Mensch weiß nicht, ob er oder sie am nächsten Tag etwas zu essen haben wird. Gleichzeitig leidet jeder 10. Mensch an Fettleibigkeit, isst also viel zu viel.
In einer Gruppe von 90 Menschen hungern 10 Personen, 22 davon wissen nicht, wann sie das nächste Mal etwas zu essen bekommen, und 9 Personen essen zu viel. Nur 49 Personen ernähren sich normal.

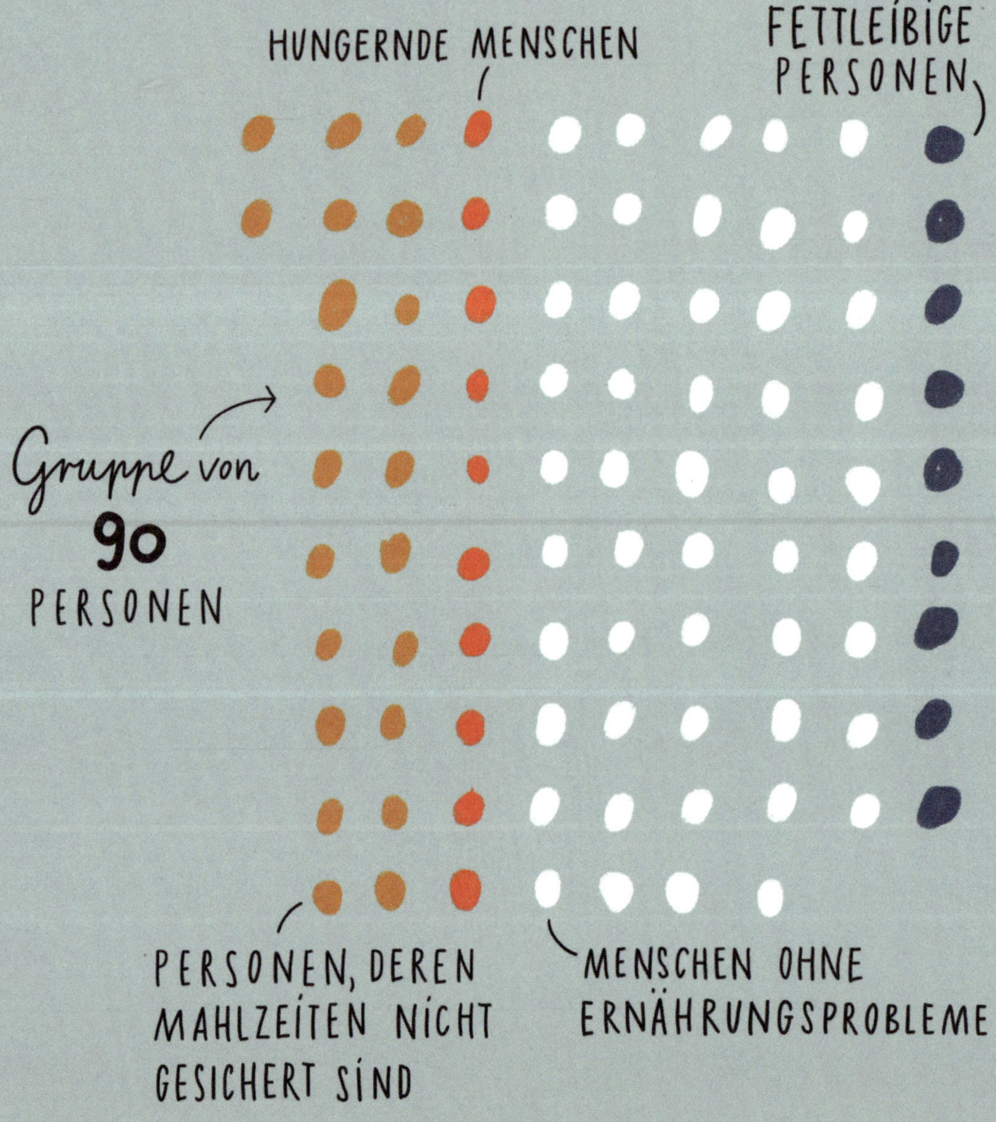

Weil Lebensmittel bei uns so einfach zu haben sind, kaufen wir oft zu viel und werfen den Überschuss weg. Ein weiteres Problem ist unsere Kurzsichtigkeit. Ein schwieriges Wort, oder? Es geht nicht darum, dass unsere Augen schlecht sehen, sondern um die Tatsache, dass wir nicht darauf achten, wie sich unsere Nahrungsauswahl auf das Leben anderer auswirkt.
Das Schlimmste ist, dass wir **immer mehr Lebensmittel wegwerfen**. In Europa sind es pro Person und Jahr ungefähr 179 Kilogramm, die weggeworfen werden. In Deutschland verschwenden Privathaushalte in diesem Zeitraum 78 Kilogramm Lebensmittel pro Person.

Wie zum Beispiel die Hilfsorganisation »Tafel«, die Lebensmittel sammelt, die nicht mehr verkauft werden können, aber noch essbar sind. Sie verteilt diese Lebensmittel dann an bedürftige Menschen.

Um das zu ändern, reicht es nicht aus, jemandem auf der Straße ein Sandwich zu schenken. Wenn wir helfen wollen, ist es besser, sich an eine Organisation zu wenden, die sich mit diesem Problem befasst. Einige sind vor Ort tätig, andere unterstützen Menschen am anderen Ende der Welt. Wir können auch bei uns selbst beginnen und sorgsam sein beim Einkauf und beim Kochen. So schmeißen wir weniger weg und leisten einen Beitrag.

Eine solche Organisation ist die Deutsche Welthungerhilfe.

Einige Lebensmittel haben eine Superkraft – auf Englisch heißen sie *superfood*. Das heißt nicht, dass sie fliegen, sich in Luft auflösen oder im Dunkeln leuchten können. Aber sie können sich positiv auf unseren Körper auswirken, indem sie ihn stärken und Krankheiten vorbeugen.

Oft werden sie aus den entlegensten Teilen der Welt zu uns gebracht. In den Geschäften können wir in Tibet wachsende Goji-Beeren, in Bolivien angebautes Quinoa, in Japan geerntete Meeresalgen, Chiasamen aus Guatemala und Maca-Wurzel aus den Anden kaufen. Allerdings sollten wir unsere eigenen Superfoods nicht vergessen! Beispielsweise die berühmtesten und äußerst effektiven: Knoblauch und Zwiebeln.

Sie fördern unsere Gesundheit auf natürliche Weise, aber sie roh zu essen erfordert großen Mut. Jeder, der das einmal versucht hat, weiß, wovon die Rede ist. Doch es lohnt sich: Knoblauch bekämpft Viren und Bakterien, senkt den Blutdruck, hilft bei der Verdauung und vertreibt sogar Schädlinge aus dem Darm. Kaum zu glauben, dass eine kleine Zehe so viel kann. Zwiebeln hingegen sind ein hervorragendes Mittel gegen Erkältungen, sie wirken stark gegen Bakterien und stecken voller Vitamine und Mineralstoffe.

So heißen die einzelnen Teile, aus denen die Knoblauchzwiebel besteht.

Andere Super-Lebensmittel schaffen die perfekte Kombination: Sie sind lecker und gesund. Dazu gehören unter anderem Honig, Hirse, Preiselbeeren und Walnüsse. Honig zerstört »schlechte« Bakterien, enthält Mineralien (wie Kalium, Magnesium, Kalzium, Chlor, Eisen) und Vitamine (unter anderem Vitamin A und B). Hirse ist leicht verdaulich, und schon eine kleine Portion liefert viele Nährstoffe. Moosbeeren oder auch Cranberrys helfen gegen Blasen- oder Magenprobleme, und Nüsse verbessern die Leistung von Herz und Gehirn. Statt zum Mittagessen einen Hot Dog mit Pommes zu verdrücken, ist es also besser, Hirse mit Honig, Moosbeeren und in der Pfanne gerösteten Walnüssen zuzubereiten. Bestimmt verspüren wir nach einer solchen Mahlzeit wieder viel Energie.

GEMEINSAM ZU TISCH

ICH MUSS NICHT einer Meinung MIT DIR SEIN, UM DICH Zu Mögen ODER ZU RESPEKTIEREN.

ANTHONY BOURDAIN

Dieser Satz mag dir für dieses Buch nicht ganz passend erscheinen. Es geht darin um zwischenmenschliche Beziehungen, nicht um Ernährung. Das eine hat jedoch viel mit dem anderen zu tun. **Wenn wir gemeinsam am Tisch sitzen, schmeckt das Essen besser und wir haben Zeit, miteinander zu reden.** So ein Treffen kann ein Familienessen bei Oma oder die Geburtstagsfeier der besten Freundin sein.

Zum Beispiel darüber, wer die Seiten des aus der Bücherei ausgeliehenen Buches bekritzelt hat.

Die besondere Stimmung, die beim gemeinsamen Essen entsteht, war dem Verfasser der oben genannten Worte, Anthony Bourdain, bestens bekannt. Er war ein amerikanischer Koch und Feinschmecker, sehr bekannt durch seine Koch- und Reisesendungen im Fernsehen. Er reiste um die ganze Welt, um in Gesellschaft völlig fremder Menschen verschiedene und manchmal ungewöhnliche Gerichte zu probieren. Oft verstand er die Sprache der Menschen nicht, und doch wusste er, was sie aßen, wie sie lebten und ob sie glücklich waren.

Schnelle

SUPPE

Unsere Welt beschleunigt sich immer mehr. Es geht aber nicht nur um die Geschwindigkeit, mit der sich die Erde dreht, sondern um die Lebensweise ihrer Bewohner. Aufgrund der Hektik unseres Alltags vergehen die Tage so schnell, dass Mittwoch und Samstag ineinander übergehen und nicht genug Zeit für Ruhe, Genuss und Essen ist.

Auf einer Parkbank oder beim Gehen. Du musst natürlich langsam laufen. Probier mal, so eine Suppe zu essen.

Daher wurden ab der Mitte des 20. Jahrhunderts **Imbisse mit schnellem Essen, dem sogenannten** Fast Food**, immer beliebter.** Gerichte, die aus vorher zubereiteten Lebensmitteln aufgewärmt werden, überall auf der Welt gleich schmecken und die sich unterwegs essen lassen, erfüllen die Bedürfnisse viele Menschen. Weil sie aus einfachen Zutaten bestehen und immer den gleichen (mit Zucker, Salz und Fett verstärkten) Geschmack haben, sind sie günstig. Darüber hinaus verspüren wir sofort ein Sättigungsgefühl. Anstelle von Vitaminen, Mineralsalzen und Nährstoffen enthalten sie jedoch viele Kalorien und gesundheitsschädliche Stoffe. Und über Esskultur und Genuss brauchen wir hier gar nicht erst reden.

Für Menschen, die so beschäftigt sind, dass sie sich nicht einmal einen Imbiss holen können, sind Fertiggerichte aus dem Supermarkt, die sich noch rascher zubereiten lassen, die Lösung.

Einfach den Beutelinhalt in eine Schüssel schütten und mit kochendem Wasser übergießen. Ein paar Minuten warten – Simsalabim –, fertig! Solche Gerichte sättigen und schmecken, haben aber keinen großen Nährwert.

AUF DIE KRUMMEN Karotten

Irgendwann fanden es einige Menschen nicht mehr gut, wie unwichtig das Essen geworden war. Sie wollten an das Zusammensein bei Tisch, das gemeinsame Kochen und an das Einkaufen bei lokalen Erzeugern erinnern. **Einer von ihnen ist Carlo Petrini, der 1986 eine Bewegung gründete, die sich *SLOW FOOD* nennt.** Die Schnecke wurde zum Symbol dieser Bewegung. Seitdem hatte Carlo Petrini viele interessante Ideen, um die Idee des *Slow Food* auf der ganzen Welt zu verbreiten.

Der englische Begriff SLOW FOOD heißt übersetzt »langsames Essen« und ist das Gegenteil von FAST FOOD.

2004 gründete er in Pollenzo eine Universität, an der ausschließlich Studienfächer rund ums Essen gelehrt werden.

Carlo Petrini ruft dazu auf, überall, wo es möglich ist, Gärten anzulegen. Wusstest du, dass du auf dem Balkon, auf Hochhausdächern oder in Stadtparks auch Lebensmittel anbauen kannst? Wenn du selbst gärtnerst, gehört natürlich neben dem Graben in der Erde auch dazu, Geduld zu haben und zu warten, dass die Früchte deiner Arbeit reifen.

Er betont, dass gesunde Lebensmittel nicht perfekt aussehen müssen. Auch einer krummen, erdigen Möhre soll eine Chance gegeben werden – nach dem Waschen lässt sich dann feststellen, wie gut sie schmeckt.

In der EU wird ein Drittel des Gemüses weggeworfen, weil es nicht schön genug ist.

Es ist gar nicht schwierig, sich der Slow-Food-Bewegung anzuschließen. Du musst nur in die Küche gehen und dein Lieblingsgericht zubereiten, ohne Stress, mit allem, was dazugehört. Und es später in guter Gesellschaft genießen.

ERDBEEREN

AUF EIS

Warum wundern wir uns nicht, wenn wir beim Einkaufen im Winter in den Supermarktregalen schöne leuchtende Erdbeeren oder Heidelbeeren sehen, die doch bei Schnee und Frost gar nicht wachsen? Weil wir es gewohnt sind, dass Lebensmittel um die ganze Welt reisen. **Wir finden in den Geschäften zu jeder Jahreszeit alles, was unser Gaumen begehrt.**

Besser wäre jedoch, auf diese Einkäufe, die die Naturgesetze brechen, zu verzichten und auf saisonale und regionale Lebensmittel zu setzen. Es ist gar nicht so schlecht, ungeduldig darauf zu warten, dass unser Lieblingsobst oder -gemüse endlich wieder im heimischen Garten reift. Der einzigartige Geschmack und manchmal die Möglichkeit, direkt beim Ernten zu naschen, belohnen uns definitiv für das Warten.

Also Obst und Gemüse nur dann kaufen, wenn es in unserer näheren Umgebung auf natürliche Weise wächst. Jede Pflanze hat ihre Blüte-, Reife- und Fruchtzeit. Deshalb essen wir im Frühling Erdbeeren, im Sommer Kirschen, im Herbst Kürbis und im Winter Kohl.

»Regional« bedeutet, dass wir Obst und Gemüse aus der Umgebung essen und nicht solches aus Übersee. Dann können wir unsere Lebensmittel direkt beim Erzeuger kaufen.

WIR LESEN,

was wir essen

Wenn du die Inhaltsstoffe auf einer Produktverpackung liest, kannst du beurteilen, ob das, was du da in den Händen hältst, ein hochwertiges Lebensmittel mit guten Zutaten ist oder ein Produkt mit Aromastoffen, die beispielsweise echte Früchte **imitieren** (im Erdbeerjoghurt sind oft kaum Erdbeeren enthalten, sondern vor allem Aroma- und Farbstoffe).

Nachmachen, so tun, als wären sie etwas anderes.

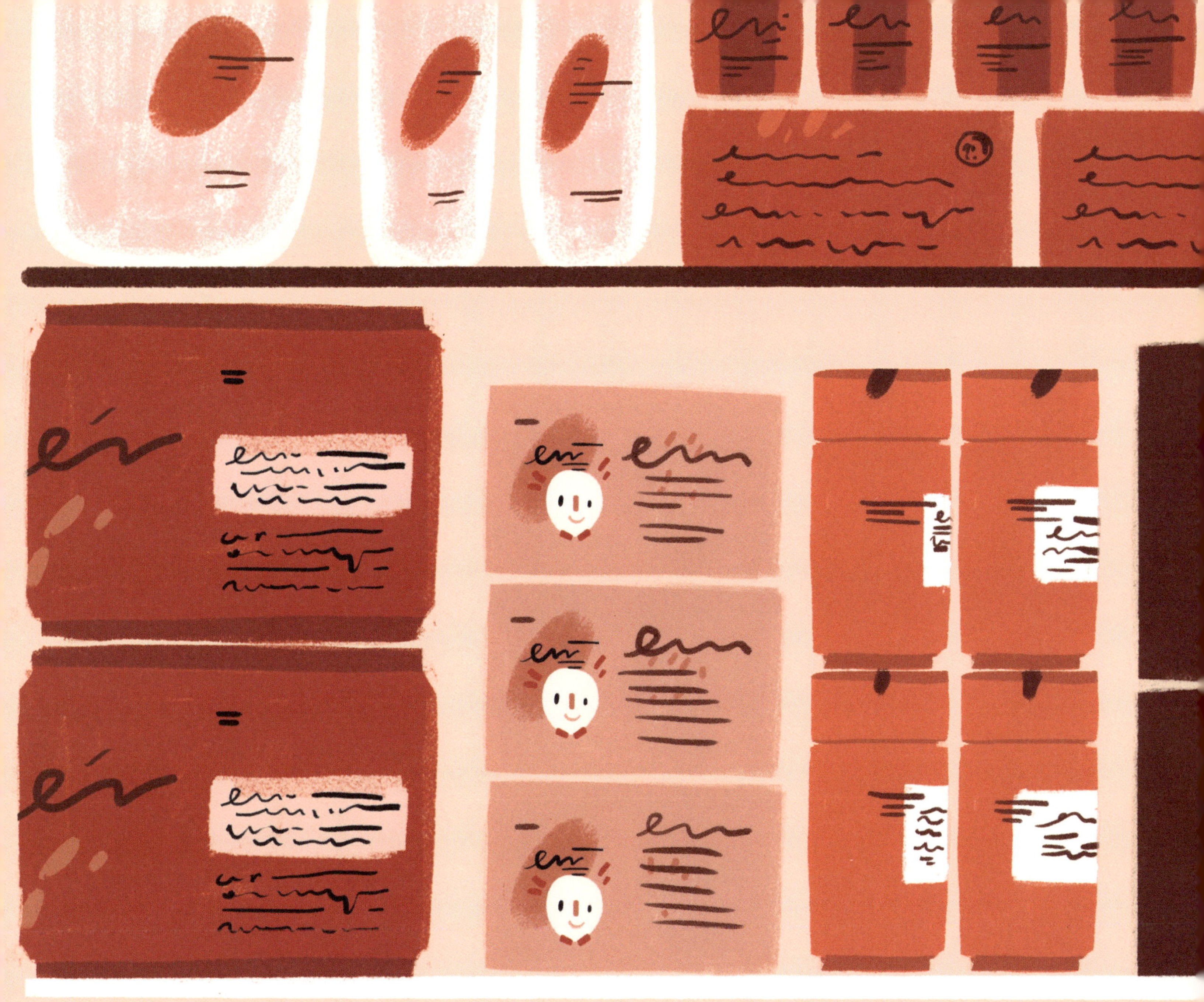

Du musst wissen, dass Lebensmittelhersteller eine Informationspflicht haben, was die verwendeten Zutaten betrifft. Die Zutaten, die zuerst aufgeführt sind, sind am meisten in dem Lebensmittel enthalten. Wenn beispielsweise die Zutatenliste von Schokolade mit Zucker beginnt, bedeutet das, dass größtenteils Zucker in der Schokolade ist. Gute Schokolade sollte allerdings hauptsächlich aus Kakao bestehen. Wenn wir so eine Zutatenliste gelesen haben, fühlen wir uns manchmal so verwirrt wie am ersten Schultag. Schwierige und fremd klingende Wörter wie »Natriumbenzoat« oder »Mono- und Diglyceride von Speisefettsäuren« sollten uns aber wachsam machen. **Je länger und komplizierter die Zutatenliste, desto schwieriger ist es zu beurteilen, ob dieses Lebensmittel überhaupt noch gesund ist** (wie bei Fertigpizza). Besser ist es, Produkte zu wählen, deren Zutatenliste kurz und verständlich ist.

UNKRAUT ist lecker!

Wenn wir unseren Speiseplan um neue, überraschende, gesunde und kostenlose Produkte erweitern möchten, ist Unkraut perfekt. Es passt zum aktuellen Trend, sich ökologisch zu ernähren, denn es wächst auf natürliche Weise, ohne menschliche Hilfe.
Tatsächlich ist es ein oft unerwünschter Gast, den wir aus unseren Gärten und von unseren Rasen entfernen. Unkraut ist buchstäblich überall zu finden, sogar direkt vor unserem Fenster.

Es muss nicht gedüngt, gegossen oder beschnitten werden.

Unkraut zu essen, ist keine neue Erfindung. Diese Tradition reicht bis in die Antike zurück. Und es wurde nicht nur in Hungerzeiten täglich gegessen!

Bevor wir auf die Wiese gehen, sollten wir wissen, **dass nicht alles, was wild wächst, essbar ist.** Denn neben essbaren Pflanzen gibt es auch giftige. Wir müssen sie unterscheiden können. Deshalb ist es sinnvoll, erst in einem Buch nachzulesen, in dem die Pflanzen beschrieben werden. Die Auswahl essbarer Pflanzen ist riesig: Große Brennnessel, Löwenzahn, Weißer Gänsefuß (auch als »Melde« bekannt), Knoblauchsrauke, Scharbockskraut, Giersch, Breitwegerich und Spitzwegerich, Klette, Wildes Stiefmütterchen (oft auch nur »Stiefmütterchen« genannt), Gewöhnliches Hirtentäschel, Purpurrote Taubnessel, Beifuß, Gemeine Schafgarbe, Knöterich und viele andere.

Purpurrote TAUBNESSEL

LÖWENZAHN

SPITZWEGERICH

STIEFMÜTTERCHEN

Gemeine SCHAFGARBE

KNÖTERICH

BEIFUSS

Gewöhnliches HIRTENTÄSCHEL

Außerdem wichtig ist der Ort. Wir sollten nur Unkraut sammeln, das weit entfernt wächst von Straßen (und damit Autoabgasen), großen Feldern und Obstplantagen (einige landwirtschaftliche Betriebe verwenden Pflanzenschutzmittel) und Hundeurin. Sobald wir die ersten Exemplare gefunden haben, essen wir sie auch nicht wie eine Kuh direkt auf der Wiese. Pflanzen müssen vor dem Essen gewaschen werden. Dann können sie zu Salaten und Suppen hinzugefügt, im Teig oder in Form von Chips gebacken werden oder es kann Pesto daraus gemacht werden. Mit kochendem Wasser übergossen, ergeben sie einen aromatisch duftenden, gesunden Tee. Guten Appetit!

Pesto ist eine Paste, die ursprünglich aus Italien stammt. Das Original besteht aus Basilikum, Olivenöl, Parmesan, Pinienkernen und Knoblauch. Du kannst aber auch andere grüne Blätter verwenden.

ALLES FRESSER

Wir Menschen sind Allesfresser, können uns also sowohl von Fleisch als auch von Gemüse ernähren.

Vielleicht findest du es lustig, dass zu dieser Gruppe auch Kakerlaken gehören.

Woher kommt also die Vorstellung, dass unsere urzeitlichen Vorfahren nur überlebt haben, weil sie jagten? Damals dauerte es fast den ganzen Tag, Nahrung zu beschaffen, und das erjagte Fleisch war für die Menschen der schnellste Weg, genügend Kalorien und Proteine zu sich zu nehmen, die für das Überleben und die Entwicklung des Gehirns ja benötigt werden. Die gleichen Nährstoffe hätten die Urmenschen auch durch den Verzehr von Pflanzen aufnehmen können, aber davon hätten sie viel, viel mehr sammeln müssen, und die Menschen bauten – wie du dich erinnerst – zunächst keine Pflanzen an.

Fleisch zu essen war auch von sozialer Bedeutung. War ein großes Wild erlegt worden, aß die Dorfgemeinschaft es gemeinsam. Die wichtigsten Leute bekamen dabei die besten Stücke.

Jedes geschlachtete Tier besteht aus verschiedenen Teilen, die man essen kann. Als besonders fein gelten Filets (ein besonders zartes Fleischstück) und Bruststücke, während viele Menschen Innereien (Gehirn, Herz, Leber) nicht so gerne mögen.

Bis zur Entwicklung der industriellen Tierhaltung, also bis ins 19. Jahrhundert, war Fleisch teuer und schwer zu bekommen. Es war etwas Besonders und wurde nur zu besonderen Anlässen.

Heute wird viel Fleisch gegessen, weil tierische Produkte nicht sehr teuer sind. Fleischkonsum hat jedoch erhebliche Auswirkungen auf die Umwelt und das Klima. Wir brauchen Fleisch auch nicht, um satt zu werden und den Körper mit der richtigen Menge an Nährstoffen zu versorgen. Bevor Maschinen erfunden wurden, mussten Menschen körperlich hart arbeiten, wobei sie viel Energie verbrauchten. Heutzutage verbringen die meisten Menschen ihre Arbeitszeit auf einem Bürostuhl, und es ist einfacher, die tagsüber abgebauten Energiereserven wieder aufzufüllen, weil wir jederzeit essen können. Was veranlasst uns also dazu, so oft Fleisch zu essen? Unsere Gewohnheit!

GUT, weil SÜSS

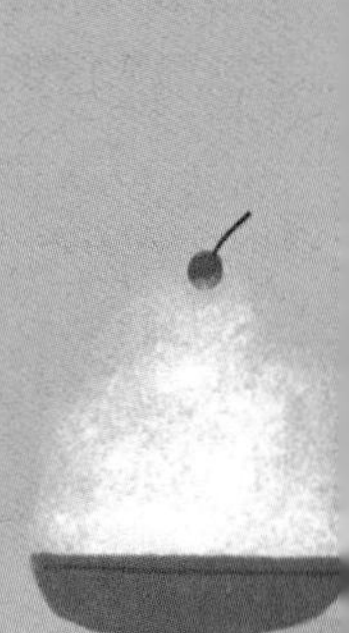

HONIG

Das natürlichste und bekannteste Süßungsmittel. Er entsteht, indem die Bienen Nektar oder Honigtau schlucken und ihm Wasser entziehen. Honig ist lecker und gesund. Er wirkt wie ein natürliches Antibiotikum, stärkt das Immunsystem, liefert viele Mineralien und beschleunigt die Wundheilung.

Honig, der an einem dunklen, kühlen Ort gelagert wird, verliert seine Eigenschaften auch über mehrere Jahrzehnte nicht. Er darf nur nicht über 40° C erhitzt werden. Und es sollte echter Honig sein.

Im Handel gibt es auch Honige schlechter Qualität und sogar Kunsthonige. Erstere werden von zuckergefütterten Bienen produziert. Letztere werden nur aus Zucker hergestellt.

Honigtau sind süße, dickflüssige Tropfen, die beispielsweise von Blattläusen ausgeschieden und von den Bienen gesammelt werden.

Auf die Palme!

Fast alle Menschen essen unwissentlich Palmfett.
Wie ist das möglich? Gießen es irgendwelche Wichtel über unser Frühstück oder Abendessen, wenn wir nicht hinsehen? Natürlich nicht.

Das passiert, weil viele Fertiggerichte Fett enthalten. Meistens Palmfett, weil es das billigste ist. Die Pflanze, aus der es hergestellt wird, nämlich die Ölpalme, ist ergiebig und einfach anzubauen. Aber das Fett ist gefährlich für die Umwelt. Fast die Hälfte des weltweit verwendeten Öls und Fetts stammt von Palmen. Um Platz für neue Plantagen zu schaffen, werden tropische Regenwälder gerodet, vor allem in Malaysia und Indonesien. Diese Wälder sind aber wichtig, da sie das Klima auf der Erde verbessern und wilde Tiere beherbergen, darunter die gefährdeten Orang-Utans und Tiger.
Wir können die Regenwälder retten, indem wir Produkte kaufen, die andere Öle wie Sonnenblumen- oder Rapsöl enthalten. Oder auf einige Knabbereien wie Chips, Kekse oder Schokoriegel auf Palmölbasis verzichten.

Wenn wir zwei gleich große Felder jeweils mit Ölpalmen und mit Raps bepflanzen, erhalten wir bei den Palmen eine viel reichere Ernte und können eine größere Menge Öl produzieren als mit Raps.

Göttertrank

Die meisten Menschen glauben nicht, dass es auf der Erde möglicherweise nicht genug Platz gibt, um Nahrung für alle anzubauen. Aber wir können das nicht länger ignorieren, und das heißt, dass wir vielleicht schon **bald auf Schokolade verzichten müssen.**

Die Menschen essen viel Schokolade. Doch der Platz, auf dem wir Kakaobäume anpflanzen können, ist begrenzt. Um die Kakaoplantagen zu vergrößern, werden Regenwälder abgeholzt. Das ist schlecht für das Klima und mit Schokolade wird dort etwas angebaut, was nicht lebensnotwendig ist.

1847 mischte der Engländer Francis Fry Kakao, Zucker und Fett in Form von Kakaobutter zusammen.

Erst im 19. Jahrhundert wurde entdeckt, wie sich die süßen Tafeln aus braunen Kakaobohnen herstellen lassen. Die alten Mayas und später die Azteken verwendeten die Bohnen jedoch schon viel früher zur Zubereitung des Göttertranks – einer dicken, bitteren Flüssigkeit, die nur zu besonderen Anlässen getrunken wurde. Die ersten Europäer, die den Kakao kennenlernten, waren die Spanier, als sie Amerika eroberten. Sie waren von dem würzigen Geschmack nicht begeistert und erhitzten und süßten das Getränk. In dieser Form verbreitete es sich im 17. Jahrhundert in Europa.

Kakaobohnen wirken sich positiv auf unsere Gesundheit aus, heben unsere Stimmung und spenden Energie. Das heißt aber nicht, dass jede Schokolade diese Eigenschaften hat. Das hängt von der Menge der verwendeten Kakaobohnen ab. **Schokolade wird in vier Arten eingeteilt:**

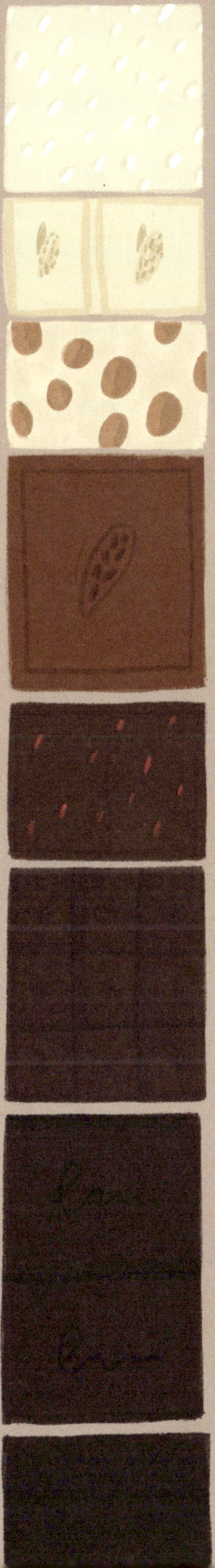

WEISSE SCHOKOLADE

enthält 0% Kakao.

Sie besteht hauptsächlich aus Kakaobutter, Zucker und Milch. Es sind überhaupt keine Kakaobohnen darin. Daher meinen Feinschmecker, dass sie den Namen »Schokolade« nicht verdient.

MILCH SCHOKOLADE

kann bis zu 50% Kakao enthalten.

ZARTBITTER SCHOKOLADE

enthält mind. 50% Kakao.

BITTER SCHOKOLADE

kann unterschiedlich viel Kako enthalten.

Von 60 % (dann ist sie etwas süßer) bis zu 100 % (dann ist sie so bitter, dass die meisten Menschen sie nicht mögen).

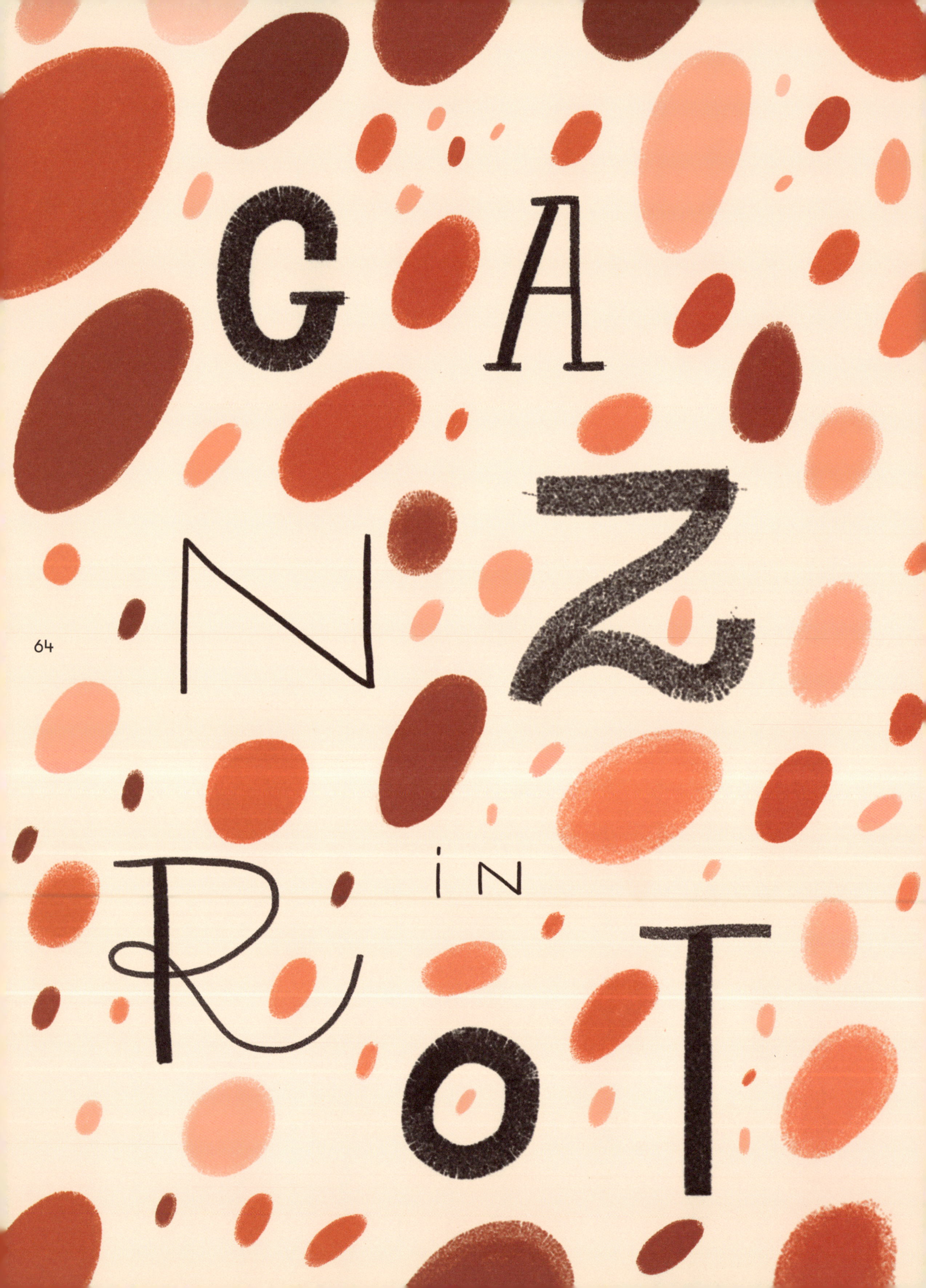
GANZ
in
ROT

Du hast zwei Erdbeerjoghurts vor dir. Einer ist leuchtend rot, der andere blassrosa. Jetzt könntest du zu dem Schluss kommen, dass der Hersteller des roten Joghurts ehrlich war und dem Produkt viele Erdbeeren hinzugefügt hat, während bei dem blassrosa Joghurt entschieden wurde, Geld zu sparen (daher die unschöne Farbe). Leider würdest du dich, wie viele andere auch, täuschen. Lebensmittelprodukten, nicht nur Joghurts, wird ein Farbstoff namens Cochenille zugesetzt, um ihnen eine intensive rote Farbe zu verleihen. Nur wenige wissen, dass dieser Farbstoff aus gemahlenen Läusen hergestellt wird – aus der Cochenilleschildlaus, die in Mexiko lebt. Das sind schlechte Nachrichten für Liebhaber von roter Farbe und diesen schönen Insekten.

Es gibt zwei Auswege aus der Situation: Entweder du isst gern Insekten, oder du bereitest dir selbst einen Naturjoghurt mit Früchten zu.

In der Lebensmittelindustrie werden verschiedene Farbstoffe eingesetzt (natürliche, naturidentische – hier werden natürliche Farbstoffe chemisch nachgebaut – und künstliche), abhängig davon, welche Farbe erwünscht ist.

Einige Wissenschaftler behaupten, dass Insekten bald unser Fleisch ersetzen könnten, weil sie sich zu Hackfleisch verarbeiten lassen und dazu sehr gesund sind.

DIE SCHWIMMENDE FRUCHT

Wir wissen vielleicht nicht, was zuerst da war, das Ei oder das Huhn. Jeder weiß allerdings, **wie ein Apfel schmeckt. Er ist das beliebteste Obst in Deutschland.** Weltweit gibt es etwa 10 000 Sorten. Um sie alle kennenzulernen, müssten wir mehr als neun Jahre lang mindestens drei Äpfel am Tag essen!

Äpfel gehen nicht unter, wenn du sie ins Wasser wirfst, sondern schwimmen. Daher kannst du aus ihnen wunderbar eine Flotte bauen. Du musst nur einen Zahnstocher als Mast hineinstecken, und schon hast du Schiffe.

Obwohl Äpfel viel Zucker enthalten, sind sie kalorienarm. Sie bestehen nämlich zu 80 % aus Wasser. Außerdem enthalten sie viele Ballaststoffe, die uns die Verdauung erleichtern, Vitamine und Mineralstoffe. Kluge Leute essen die Äpfel mit Schale, weil diese Antioxidantien enthält, die sehr wichtig für unseren Körper sind. Außerdem finden sich gerade in der Schale die meisten Ballaststoffe.
Ein englisches Sprichwort besagt, dass man jeden Tag einen Apfel essen sollte, um gesund zu bleiben (»An apple a day keeps the doctor away.«).

Das sind ebenfalls Stoffe, die unser Körper braucht, um gesund zu bleiben.

Lassen sich Sojabohnen melken?

Wir alle kennen Milch, die von Kühen kommt.

In anderen Teilen der Welt verwenden die Menschen Büffel-, Kamel-, Rentier-, Yak- oder Lamamilch. In Deutschland gibt es auch Schaf- und Ziegenmilch (sie wird zu Käse oder auch Joghurt verarbeitet).

Aber woher kommt »Sojamilch«, wenn sich diese Hülsenfrucht nicht melken lässt?

Von dem irreführenden Namen, der Pflanzengetränken anhaftet. Von der Farbe und der Verwendung her ähneln diese tierischer Milch, obwohl sie wenig damit zu tun haben. Sie werden hergestellt, indem die Früchte der Pflanze in Wasser eingeweicht, dann gemahlen und gefiltert werden. **Pflanzliche Getränke gibt es nicht nur aus Sojabohnen, sondern auch aus Reis, Hafer, Dinkel, Buchweizen, Erbsen, Kokosnuss, Mandeln und Nüssen** (Cashew-, Para- und Haselnüssen). Sie sind oft mit Kalzium, Vitaminen (D, B, E), Magnesium oder Zink angereichert. Allerdings lohnt sich ein Blick auf die auf der Verpackung angegebene Zusammensetzung, denn dort finden sich auch unnötige Geschmackszusätze.

Hersteller von Pflanzengetränken dürfen ihre Produkte nicht »Milch« nennen.

Diese Getränke kaufen Veganer, Menschen mit einer Allergie gegen tierische Milch und Leute, die das Klima schützen wollen. Ihr Geschmack lässt sich nicht mit dem von Kuhmilch vergleichen und unterscheidet sich je nach Pflanze, aus der sie hergestellt werden. Aber viele Menschen mögen sie. Um deinen Favoriten auszuwählen, musst du sie alle ausprobieren.

Das sind Personen, die ganz auf tierische Produkte verzichten.

Wenn wir ein Sojagetränk mit Milch gleichsetzen, dann lässt sich der Tofu mit sehr festem Quark vergleichen. Die aus Sojabohnen hergestellten Würfel werden in Asien seit Jahrhunderten gegessen. Sie sind dort beliebt, weil die Asiaten das Eiweiß tierischer Milch nicht vertragen. Seit einigen Jahren finden wir Tofu in den Supermarktregalen. Er wird am häufigsten von Menschen gekauft, die sich pflanzenbasiert ernähren oder die Umwelt schützen wollen.

Die einen finden, dass der eiweißreiche Tofu einen tollen Geschmack hat, die anderen nennen ihn geschmacklos. Aber eigentlich ist Tofu wie Mehl: **Richtig zubereitet kann er für eine Vielzahl von Gerichten verwendet werden.** Er eignet sich hervorragend zum Frühstück, Mittagessen, Nachtisch und Abendessen. Du kannst ihn marinieren, räuchern oder braten und zu Suppen, Fleisch, Aufläufen oder Salaten verarbeiten. Alles ist möglich, egal ob Rührtofu, ein Ersatz für Rührei, Tofukuchen oder sogar Krapfen, wenn man pflanzliche »Milch« hinzufügt.

GUTE BAKTERIEN

Vielleicht überrascht dich das, **aber im menschlichen Körper gibt es etwa 1,5 Kilogramm Bakterien.** Davon leben mehr als 4 000 verschiedene Arten … im Darm. Nur einige von ihnen verursachen Krankheiten. Die meisten von ihnen sind »gute« Bakterien, die es unserem Körper ermöglichen, richtig zu funktionieren, und ihn vor »bösen« Bakterien schützen. Wir können uns um diese Bakterien kümmern, indem wir uns richtig ernähren. Diese »guten« Bakterien mögen keine einfachen Zucker, aber sie lieben Ballaststoffe.
In Joghurt sind zum Beispiel viele von den Bakterien, die wir brauchen, enthalten. Wichtig ist, dass er natürlich ist, ohne Farbstoffe und andere unnötige Zusätze.

Joghurt wird hergestellt, indem der Milch zwei Bakterienarten zugesetzt werden: *Lactobacillus bulgaricus* und *Streptococcus thermophilus*. Damit er unserem Verdauungssystem wirklich guttut, muss er mindestens eine Million lebende Bakterienzellen in einem Milliliter enthalten. Nur wenige Hersteller halten sich an diese Regeln. Um zu wissen, was wir essen, sollten wir auf der Verpackung nach Informationen über lebende Bakterienkulturen suchen.
Du kannst Joghurt aber auch zu Hause selbst herstellen.

Wie macht man JOGHURT SELBST?

1. 

MILCH erhitzen (wenn du H-Milch verwendest, wird der Joghurt weniger gut).

2. 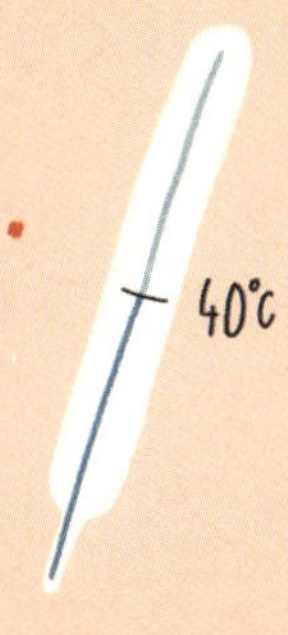

ABKÜHLEN auf 40–45 °C.

3. 

JOGHURTBAKTERIEN hinzufügen (Kann man im Internet kaufen) und 2-3 Esslöffel Naturjoghurt.

4. 

6-12 STUNDEN warmhalten (am besten in einer Thermoskanne oder in eine Decke eingewickelt).

Sauer macht lustig

Einige Leute finden den Geschmack und Geruch von sauer eingelegtem Gemüse nicht angenehm. Sie halten sich die Nase zu oder verziehen das Gesicht. Einige von uns mögen es jedoch sehr, beispielsweise Sauerkraut oder saure Gurken.

Neben Lactobacillus (kennst du vom Joghurt) auch Leuconostoc und Pedicoccus.

Sehr viele Lebensmittel lassen sich sauer einlegen. Die Skandinavier machen das mit Fisch, und die Menschen in Marokko fermentieren Zitronen. Die Koreaner wiederum essen Kimchi, also scharf gewürztes, fermentiertes Gemüse (hauptsächlich Chinakohl). Früher legte man Lebensmittel ein, um ihre Haltbarkeit zu verlängern und ganzjährig Zugriff auf Gemüse zu haben. Bei der Herstellung ging es auch manchmal ziemlich lustig zu. Die einfachste Methode bestand darin, fein gehackten Kohl in ein Fass zu legen und ihn mit bloßen Füßen zu stampfen. Vorher wurden die Füße natürlich gründlich gewaschen.

Sauergemüse ist sehr gesund. Es enthält viele Vitamine und »gute« Bakterien. All das ist auf die Fermentation zurückzuführen, bei der Milchsäure gebildet wird. Die Milchsäure macht die Produkte haltbar, verleiht ihnen einen säuerlichen Geschmack und ist gesund.

Leider sind im Supermarkt gekaufte fermentierte Produkte nicht so gut. Um die Haltbarkeit zu verlängern, erhitzen die Hersteller sie und töten dabei die guten Bakterien ab.

Kehren wir also zurück zu den bewährten Methoden unserer Urgroßmütter und stellen wir unser eingelegtes Gemüse selbst her.

AQUAFABA

Immer mehr Menschen glauben, **dass es beim Kochen nicht nur darum geht, eine leckere Mahlzeit zuzubereiten, sondern auch darum, nichts zu verschwenden.** In der Resteküche gibt es viele Ideen für die Verwertung von altbackenem Brot, Gemüseschalen oder überreifen Bananen. Aber nichts geht über die Möglichkeiten, die Aquafaba bietet.

Man kann auch das Wasser von Dosenbohnen verwenden.

Aquafaba ist eine Flüssigkeit, die nach dem Kochen von Hülsenfrüchten, insbesondere Kichererbsen, Erbsen oder Bohnen, übrigbleibt. Sie lässt sich zu einem flauschigen Schaum schlagen, ähnlich wie Hühnereiweiß. So ist sie die Basis von Cremes, Mousse und Mayonnaise. Es lassen sich auch leckere Baisers oder Kekse daraus backen. Für Menschen mit Hühnereiweiß-Allergie und für Veganer, die sich nur pflanzlich ernähren, ist Aquafaba eine tolle Entdeckung. Erst vor wenigen Jahren wurden die Eigenschaften so richtig bekannt.
Schrecklich, sich vorzustellen, wie viel wir mit der Flüssigkeit hätten backen können, die wir bisher ins Spülbecken geschüttet haben ...

Punkte der Ernährung

Zum Beispiel der Menschen, die Obst und Gemüse in fernen Ländern für uns ernten – nachzulesen auf S. 35.

Welche Lebensmittel wir wählen, beeinflusst nicht nur unsere Gesundheit, sondern auch die Gesundheit und das Leben anderer Menschen sowie den Planeten und die Umwelt. Daher müssen wir unsere Lebensmittel mit Bedacht auswählen.

Das bedeutet natürlich nicht, dass wir von morgens bis abends Grünkohl mit Spinat essen sollen, bis unser Körper grün wird und unsere Wangen prall wie die eines Hamsters sind. Wir sind ja auch nur Menschen, und es ist nicht so schlimm, wenn wir manchmal etwas Süßes essen. **Wichtig ist aber, dass wir uns jeden Tag gesund und abwechslungsreich ernähren.**

Hier sind fünf Regeln, die dir dabei helfen:

1. Lies die Inhaltsstoffe der Produkte, die du kaufst.
Wenn die Liste schwierig klingende Wörter enthält oder zu lang ist, suchst du dir vielleicht lieber etwas anderes zu essen.

2. Denk daran, dass Obst und Gemüse nicht beißen.
Und sie schmecken am besten, wenn du sie selbst erntest. Vor dem Essen solltest du sie aber waschen. Hast du keinen Garten, kaufst du saisonales Obst und Gemüse.

3. Kaufe regionale Lebensmittel.
Am besten ist es, wenn du die Menschen, die die Lebensmittel anbauen oder herstellen, persönlich kennst. Es ist jedoch nicht ganz so einfach, eine Avocado-Plantage zu besuchen.

4. Wenn du am Tisch sitzt, nimm dir Zeit und genieße dein Essen.
Am besten schmeckt es in geselliger Runde und auf deinem Lieblingsteller.

5. Verschwende kein Essen.
Bevor du mit deinen Eltern einkaufen gehst, überprüfe den Kühlschrank genau. Vielleicht lässt sich aus den ganz hinten versteckten Lebensmitteln noch eine schmackhafte Mahlzeit zubereiten. Außerdem schützt du sie so vor dem Verderben.

OLA WOLDAŃSKA-PŁOCIŃSKA, 1985 geboren, hat Grafikdesign an der Universität der Künste in Posen studiert, wo sie auch lebt und arbeitet. Sie ist Illustratorin, Buchgestalterin und Posterdesignerin und hat bereits mehrere Bücher veröffentlicht. Sie ist Mutter von zwei Söhnen und liebt Meerschweinchen.

MARLENA BREUER, 1985 geboren, machte eine Ausbildung zur Schreinerin und studierte anschließend Slawistik in Tübingen und Warschau. Seit 2015 arbeitet sie als Übersetzerin.